I0449487

Preghiera del Marinaio

"A te, o grande eterno Iddio, Signore del cielo e dell'abisso, cui obbediscono i venti e le onde, noi, uomini di mare, pescatori e marinai d'Italia, da questa sacra imbarcazione leviamo i cuori.

Salva e proteggi, nella tua fede, o grande Dio, la nostra Nazione.

Dà giusta gloria alla nostra bandiera, a lei per sempre dona la vittoria.

Benedici, o Signore, le nostre case lontane, le care genti.

Benedici nella cadente notte il riposo delle nostre famiglie.

Benedici noi che lavoriamo sul mare.

Benedici

LA BARCA PER TUTTI

di

IVAN PISTILLO

PROPRIETA' LETTERARIA RISERVATA

Ivan Pistillo © 2016 – MI

www.labarcapertutti.org

ISBN 978-1-326-79733-1

Prima edizione settembre 2016

INDICE:

Crediti Fotografici: p8-12-18, Ivan Pistillo; p 25, Ivan Pistillo; p29-30, Pixabay; p32-33-34-35, Quicksilver Boat; p 36, Cantieri Mimì; p 37, Quicksilver Boat; p 38, Gommoni BSC; p 41, Riva; p 43, Pixabay; p 45, L'Artigiana Vetroresina; p 47-60-62, Pixabay; p 63-64, Ivan Pistillo; p 79, Pixaby; p 84-87-89-90-91, Lamma Meteo e Ivan Pistillo; p 92, Google Maps.

L'autore resta a disposizione di chiunque per legge possa rivendicare i diritti per le immagini dove non si è riusciti a risalire all'autore.

INTRODUZIONE

Possedere una barca, a chi prima e a chi dopo, sfiora la mente di tutti.

Allora, quando quell' idea si fa sempre più spazio nella tua testa, fino a non farti più pensare ad altro, inizi timidamente ad informarti, a fare le tue ricerche, a chiedere consiglio a qualche tuo conoscente che già possiede una barca, cercando disperatamente di capire a cosa andrai incontro.

Vuoi sapere, vuoi conoscere, vuoi "fare i conti" perché ti hanno detto, o avevi sentito dire, che avere una barca comporta dei costi non indifferenti!

Adesso....respira, trova un posto dove sederti, rilassati e vai avanti a leggere.

Pagina dopo pagina trasformerai l' idea che ti sei fatto sulla nautica e scoprirai che....

Buona lettura!

PARTE TUTTO DA QUI

Scommetto che anche solo una volta nella vita ti sia capitato di pensare di volere una barca tutta tua.

E magari hai iniziato, come fa la maggior parte delle persone, a chiedere informazioni all'amico che ha già una barca, a consultare in internet siti di barche usate per cercare di capire i prezzi di mercato, oppure ad intervistare, in modo assillante, il personale del porto della località in cui vai in vacanza di solito.

Ti sei sempre fermato solo al sogno magari perché non trovavi risposte confortanti o magari non rivolgevi le domande giuste, perché cercavi risposte da persone alle quali non interessava aiutarti o per le quali avresti potuto essere solo un "peso".

Oggi avere una barca non è poi così difficile come si crede, la cosiddetta crisi ha in qualche modo aperto l'accesso al mondo della nautica davvero a tutti abbassando il prezzo delle imbarcazioni, dei posti barca nei vari marina (porto turistico) e ha allineato anche i costi di gestione dell'imbarcazione.

Proprio per le caratteristiche che il mercato nautico oggi ci offre, anche io persona estremamente "normale", con un lavoro "normale", seguendo uno schema semplicissimo, sono riuscito in tre mesi a scegliere e trovare la barca dei miei sogni e a navigare.

Ho iniziato poi ad aiutare e a mettere in pratica il mio "modello" anche con alcuni amici che desideravano avere una barca tutta loro e con mio grande stupore, il risultato è stato eccellente.

Voglio trasferirti questo concetto: per avere una barca tutta tua non è necessario che tu sia una persona facoltosa, non è necessario che tu abbia dei guadagni straordinari. Le due cose davvero importanti sono: che tu abbia voglia di andar per mare (ma penso di si, se no non staresti leggendo) e che inizi a pensare che è Possibile, che ne sei Capace e che te lo Meriti.

Pensa che pur vivendo in un periodo storico in cui il mercato della nautica offre opportunità davvero a tutti, li fuori ci sono persone che ancora non hanno iniziato il loro viaggio, nonostante io ed altre persone siamo riusciti ad arrivare al nostro obbiettivo. Spesso si pensa di non essere capaci di andar per mare, forse per paura, o che servano troppo soldi e che non sia fattibile possedere una barca, perché poi non si sa dove ormeggiarla durante il periodo estivo o dove farla svernare durante l'inverno; o ancora non si hanno informazioni sufficienti per poter pianificare precisamente costi e benefici; questi sono solo alcuni ostacoli che in molti incontrano tutti i giorni mentre cercano di capire quale sia il modo migliore per avere la loro vera prima barca.

I TESTIMONI – SI PUO' FARE

Fermati un attimo e non pensare più a niente, vorrei che facessi una riflessione....

Anche io mi sono scontrato con gli stessi problemi, anche Andrea si è scontrato con gli stessi problemi ed abita a Genova! Voglio dire abita in una città di mare; avrà conosciuto pur qualcuno che apparteneva al mondo della nautica e che avrebbe potuto aiutarlo; e Mirko allora? ha avuto gli stessi problemi più uno, lui abita a Perugia lontano dal mare! E altri ancora che non sto qua a menzionare.

Questo per dirti che tutti noi ci siamo dovuti imbattere in qualche ostacolo, (certo che sì!) ma alla fine siamo tutti riusciti ad arrivare al nostro obbiettivo...su un molo, in un porto che ospita la nostra barca; non ho mai detto che sia semplice! dovrai farti venire dei mal di testa, discutere con qualcuno in famiglia, riempire e stracciare pezzi di carta pieni di numeri e conti; ma è sicuramente possibile!

Personalmente il motivo preponderante che mi ha portato a volere una barca tutta mia, è stata la sensazione di libertà che avevo provato qualche tempo prima durante una vacanza trascorsa appunto in barca.

Mi aveva appagato così tanto che per me non era più contemplata la vacanza 'classica' in una località di mare in spiaggia, in mezzo a centinaia di sconosciuti.

Ero così sicuro di voler una barca tutta mia che, si può dire, appena sbarcato, ho iniziato le ricerche senza però, aimè, sapere come fare, dove indirizzarmi e dove guardare; andavo allo sbaraglio e non avevo un obbiettivo, a me le barche piacevano tutte! Guardavo un open e mi piaceva; subito dopo la mia attenzione approdava su una pilotina… e mi piaceva anche quella, poi di corsa a guardare le barche a vela (dalle quali sono affascinato).

Ho provato tantissime volte a cercare, scegliere, trovare ed avere una barca che potesse appagare la mia irrefrenabile voglia di Libertà (a chi non piacerebbe). Guardavo in internet prezzi e disponibilità, contattavo i venditori per capire se ci poteva essere un margine di trattativa, andavo a vedere le barche di persona per rendermi conto dello stato di fatto e, intanto, spendevo soldi per gli spostamenti; perdevo ore davanti al pc e non riuscivo a scegliere, e quindi, a trovare la mia barca; avevo mille dubbi, mille domande, avevo paura di sbagliare e di comprare una barca non adatta alle mie esigenze.

Mi rendevo conto che c'era qualcosa che non andava, eppure di manuali sulla nautica ne avevo letti a bizzeffe, di persone esperte nel settore ne avevo importunate a decine, sapevo quasi tutto (quasi perché in barca e in mare non si finisce mai di imparare) ed ero veramente demoralizzato perché non riuscivo nel mio intento, ed ormai ero convinto che per me non sarebbe stato fattibile coronare il sogno di avere una barca.

Quindi, lasciando perdere quello che mi sembra impossibile realizzare, torno alla mia vita di sempre, ma il tempo passa e si ripresenta il periodo delle vacanze estive.

Vado al mare e come di consueto, e un po' anche per consolarmi, faccio una passeggiata al porto vicino: la mia barca non potevo averla, ma almeno quelle degli altri potevo stare a guardarle per tutto il tempo che volevo e fantasticare un pochino.

Più vedevo barche e più dentro di me riaffiorava quella voglia irrefrenabile di volere una barca tutta mia.

In una delle mie solite passeggiate al porto, mi fermo a parlare "per caso" con un vecchio mastro d'ascia titolare di un piccolo cantiere nautico; dopo aver preso un pochino di confidenza inizio a raccontargli del mio intento, di come avessi provato ad avere una barca tutta mia e di come i miei sforzi fossero sempre stati vani.

Sorridendo l'anziano signore mi fa capire che si, sono molto preparato, ma che il mio schema di ricerca non era propriamente corretto; insomma iniziavo a cercare concentrandomi su un aspetto che in partenza era sbagliato: il Prezzo.

È stata un'illuminazione, non vedevo l'ora di rimettere in pratica le mie nozioni, questa volte rivisitate, e finalmente riuscire a raggiungere il mio obbiettivo.

Il risultato non si è fatto attendere per molto tempo, ho seguito il mio schema e sono andato a colpo sicuro: certo che ho visto più di una barca anche con il nuovo schema che avevo redatto, ma erano tutte barche simili, la differenza tra una e l'altra stava solo nello stato di conservazione e nella trattabilità del prezzo. Devo dire che è stata una

ricerca semplice e divertente, e soprattutto avevo la consapevolezza di quello che più si adattava alle mie esigenze

LE CONVINZIONI E LA REALTA'

Spesso mi capita di parlare con delle persone che vorrebbero andar per mare con la loro imbarcazione, ma non iniziano nemmeno la loro ricerca per paura di sbagliare, perché non sanno da che parte cominciare; hanno ancora profondamente radicata in l'idea che possedere una barca sia solo un privilegio di pochi.

Oggi però non è più così: le imbarcazioni hanno un prezzo sensibilmente inferiore a quello di qualche anno fa, i porti (qualora tu avessi la necessità di tenere la barca in porto) hanno dovuto abbassare i prezzi degli ormeggi e le manutenzioni costano anch'esse meno. Grazie all'utilizzo della tecnologia, che ci aiuta ad avere un'idea dei prezzi di mercato in una determinata zona, ci si può davvero informare su tutto prima di affrontare una trattativa ed arrivare preparati; insomma fino a pochi anni fa, quello che ti sembrava impossibile fare, oggi è fattibile. Ti serve solo sapere come farlo.

Prima di scoprire come iniziare a scegliere e trovare la barca più adatta alle tue esigenze, ed iniziare a navigare, penso che sia doveroso aprire un inciso sulle imbarcazioni in generale e, più precisamente, per la categoria natanti.

I natanti sono tutte quelle imbarcazioni, a vela o a motore, che hanno una lunghezza massima pari ai 10 mt o

33'piedi (il piede, o feet, è un'unità di misura di lunghezza anglosassone che corrisponde a 30,48 cm, e che viene utilizzata nel mondo della nautica per esprimere la lunghezza di un'imbarcazione) e che non hanno necessità di essere immatricolate, quindi non hanno una targa, e sono esenti dall'avere obblighi particolari.

Preferisco fare riferimento a questa categoria specifica perché costituisce la base di partenza nel mondo della nautica (non penso che chi voglia iniziare ad andar per mare si orienti su imbarcazioni dai 33' in su), ed è a mio parere la categoria più diffusa nel nostro Paese che offre numerose occasioni per quanto riguarda il mercato dell'usato.

Voglio anche però ricordarti che tutto quello che verrà trattato qui, ha anche validità per imbarcazioni di misura superiore ai 10 mt (33') e fino ai 24 mt (80').

Detto questo, penso che sia d'obbligo farti capire meglio in quante categorie sono suddivise quelle "cose" galleggianti che più comunemente chiamiamo barche, e che sarebbe meglio fin da ora chiamarle con il loro nome:

UNITA' DA DIPORTO: ogni costruzione di qualunque tipo e con qualunque mezzo di propulsione destinata alla navigazione da diporto, ovvero alla navigazione il cui scopo è sportivo e/o ricreativo.

NATANTE da diporto: unità da diporto con scafo di lunghezza pari od inferiore a 10 mt.

IMBARCAZIONE da diporto: unità da diporto con scafo di lunghezza superiore a 10 mt e fino a 24 mt.

NAVE da diporto: unità da diporto con scafo superiore a 24 mt.

INIZIA IL VIAGGIO

Iniziamo ora il nostro viaggio per capire come scegliere e trovare la barca più adatta alle tue esigenze.

Per farlo dobbiamo porci alcune domande che saranno poi lo schema che seguiremo per raggiungere il nostro obbiettivo.

Le domande sono otto:

Come utilizzerò la mia barca?

Dove voglio navigare?

Tipologia?

Con quale materiale è costruita?

Quale budget ho a disposizione?

Nuova o usata?

Mi serve la patente nautica?

Quanto costa mantenerla?

COME UTILIZZERO' LA MIA BARCA?

La prima cosa che devi sapere per individuare la tua barca ideale è quale utilizzo ne vuoi fare.
Mi spiego meglio, dovresti sapere anche a grandi linee, come utilizzerai la tua barca: gite giornaliere? pesca? uscite con la famiglia nel week end? utilizzo durante le vacanze estive e magari restando a dormire a bordo? sostituta della la casa al mare?
Rispondere a queste domande ti aiuta già a prendere una direzione specifica; faccio un esempio:

"Con la mia barca voglio navigare nel week end con la mia famiglia! "
Quindi, se questo è l'utilizzo che ti sei prefissato, concentrerai le tue ricerche verso una barca che avrà due o più posti letto, avrà una toilette e magari una zona cottura.
Altro esempio:

"Con la mia barca voglio raggiungere una determinata località in giornata, fare il bagno e tornare a casa!"
In questo caso concentrerai le tue ricerche verso una barca veloce, che ti permetta di raggiungere rapidamente la località prefissata, con un prendisole ampio per

permettere agli eventuali ospiti di prendere la tintarella comodi e sicuri e, magari, con un tendalino per ripararti dal sole nelle ore più calde.
Ultimo esempio (se no non bastano le pagine!):

"Con la mia barca voglio andare a pesca e fare delle gite con la famiglia!"
Qui concentrerai le tue ricerche verso una barca stabile (se vuoi pescare) rinunciando ad un po' di velocità, magari con una toilette per i bimbi e la moglie, con una zona coperta (cioè chiusa) per avere un po' di ombra, con un prendisole a prua così mentre peschi i tuoi ospiti possono anche rilassarsi e con un pozzetto di poppa* ampio per riuscire a muoverti meglio durante le tue battute di pesca. E così via…

DOVE VOGLIO NAVIGARE?

Scegli dove vuoi navigare: al mare, al lago...
In mare navigherai in una zona specifica, oppure farai
base in una località per poi esplorare diversi luoghi con la
tua barca?
Se sei in una zona specifica e pensi di voler rimanere nei
paraggi, può essere utile scoprire se esistono delle
imbarcazioni costruite per navigare proprio in quel tratto di
mare e che corrispondano però all'utilizzo che ne vuoi
fare.
Sapere dove si vuole navigare sarà importante per la
scelta della tipologia di imbarcazione; barche che si
adattano molto bene al lago non necessariamente
andranno bene per la navigazione in mare; viceversa,
invece, barche cosiddette 'marine' andranno bene anche
per il lago.
Le prestazioni di una stessa barca, dello stesso cantiere,
del medesimo modello cambiano sensibilmente dalla zona
di navigazione.
Per esempio il lago è uno specchio d'acqua che non è
soggetto al moto ondoso perenne, quindi, la potenza del
motore si potrebbe anche ridurre, mantenendo comunque
prestazioni identiche alla stessa imbarcazione che naviga
in mare, ma, con una potenza del motore maggiore.

Voglio ricordarti che un motore da 40 cv costa meno di un motore da 100 cv!

TIPOLOGIA?

La tipologia della barca è legata strettamente al tipo di UTILIZZO che ne vorrai fare e DOVE sceglierai di navigare.
Più si va avanti più si è precisi nella scelta dell'imbarcazione.
Ad ogni barca corrisponde una classe di tipologia che è legata ad alcune caratteristiche specifiche ed al suo comportamento in acqua.
Quindi possiamo iniziare con due primi macro gruppi che si dividono in (ce ne sarebbero almeno altri due ma menzioniamo solo i due principali):
Barche dislocanti
Barche plananti

Barche Dislocanti:

Sono tutte quelle imbarcazioni che non variano l'assetto della carena al variare della velocità, cioè rimangono con la carena completamente immersa da prua a poppa.
Hanno maggiore stabilità in mare a discapito della velocità di avanzamento.

Barche Plananti:

Sono tutte quelle imbarcazioni che variano l'assetto della
carena al variare della velocità.
La carena si solleva dall'acqua grazie alla sua forma
particolare, riduce la parte immersa nell'acqua riducendo
così anche la resistenza all'avanzamento. Sono barche
veloci ma meno stabili (non vuol dire che non lo siano)
rispetto alle imbarcazioni con carena dislocante.

Partendo da qui possiamo ulteriormente scendere nelle categorie di tipologia e troveremo:

Open (barca aperta)
Daycruiser (crociere in giornata)
Fisherman (barca da pesca)
Walkaround (ci giri attorno)
Gozzo (barca da pesca tipica di alcune zone d'Italia)
Pilotina (barca da lavoro convertita in barca da diporto)
Gommone

Open:(in fotografia: Quicksilver Activ 555)

La caratteristica principale è l'ampio spazio dedicato al prendisole, inoltre sono barche veloci e ne esistono diversi modelli cabinati.

Daycruiser:(in fotografia: Quicksilver 805 Cruiser)

I Daycruiser sono barche per crociere a corto raggio:
dispongono di ampi spazi in coperta, di toilette, posti letto
sottocoperta e di una cucina attrezzata.

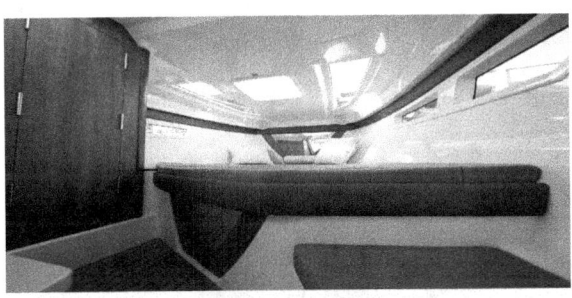

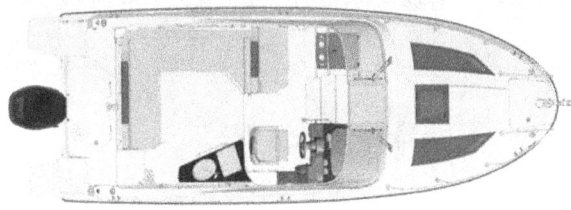

Fisherman (in fotografia: Quicksilver 805 Profish)

I Fisherman sono barche progettate per la pesca: sono molto sicure con murate alte e dispongono di ampi gavoni dove stivare l'attrezzatura. In coperta, nella zona poppiera, è installata la vasca del vivo e il necessario per "armare" le canne. Comode anche per gite giornaliere, alcuni modelli dispongo di una zona relax sottocoperta.

Walkaround (in fotografia: Quicksilver 605 Sundeck)

I Walkaround sono barche la cui caratteristica è quella di poter girare intorno alla barca. È presente un'area sottocoperta dove trova spazio una zona relax e talvolta una zona con lavandino e frigorifero. Di fatto sono molto simili agli open.

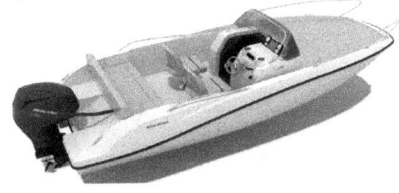

Gozzo (in fotografia: Cantieri Mimì modello Scirocco)

Il Gozzo nasce come barca da pesca ed era una volta costruita interamente in legno; oggi in Vtr. Si è riscoperta come barca da diporto grazie ai suoi ampi spazi sul ponte di coperta che offrono generosi prendisole a prua. Barca sicura e stabile anche con mare formato, ottima per la navigazione costiera e per la pesca.

Pilotina (in fotografia: Quicksilver 855 Weekend)

Le Pilotine nascono come barche da lavoro: sono quelle imbarcazioni che portano i piloti dei porti alle navi, per effettuare le operazioni di ingresso o uscita dal porto e di ormeggio/disormeggio. Per la loro sicurezza in mare e la loro linea, sono ottime barche da pesca e da crociera da diporto. La Pilotina moderna è un'imbarcazione che bene si presta a crociere, avendo a bordo tutto il necessario per trascorrere in mare più giorni.

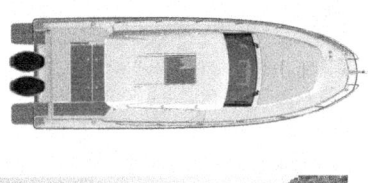

Gommone (in fotografia: Bsc 50 Classic)

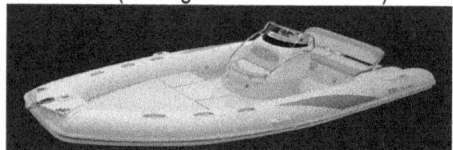

Gommone Cabinato (in fotografia: Bsc 100 Ocean)

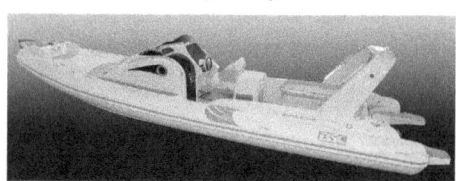

I Gommoni (battello pneumatico) sono imbarcazioni la cui caratteristica è data dai tubolari che danno leggerezza e migliore galleggiabilità al battello.

A parità di dimensione, un gommone può ospitare più persone rispetto ad una barca in Vtr, è molto più versatile e sensibilmente più veloce (sempre a parità di dimensioni e potenza installata).

Da qualche anno a questa parte i gommoni hanno sempre più preso sembianze delle cugine barche in vtr, mantenendo la loro caratteristica di leggerezza e galleggiabilità impareggiabili; troviamo oggi gommoni con la zona di sottocoperta divisa in zona notte, zona giorno e toilette; insomma sono vere imbarcazioni da crociera.

CON QUALE MATERIALE È COSTRUITA?

I materiali di costruzioni delle imbarcazioni sono principalmente tre:

- **Legno**
- **Vtr** (vetroresina)
- **Alluminio**

Esistono in giro per il mondo barche costruite anche con il ferro ed il ferrocemento; imbarcazioni costruite con l'ultimo materiale menzionato ne troverai ben poche in giro e probabilmente uno o due nel mediterraneo (parlo di barche da diporto).

Iniziamo con le barche costruite in **LEGNO**.

Abbiamo visto prima, che i gozzi (barche votate alla pesca) erano costruiti interamente in legno.

Oggi si trovano ancora alcuni meravigliosi gozzi in legno o motoscafi famosi, uno su tutti è il Riva Aquarama, che sicuramente hanno un fascino di altri tempi.

Le barche di legno necessitano di una cura particolare:
bisogna avere la possibilità di metterle in secca (cioè fuori
dall'acqua) per qualche mese all'anno.
La manutenzione dello scafo sarebbe meglio (e te lo
consiglio vivamente) che la facesse un mastro d'ascia,
molto semplicemente perché sa quanto, come e dove
bisogna eventualmente piallare una tavola, quali sono le
resine migliori da stendere sullo scafo e se c'è bisogno o
meno di eseguire il calafataggio (tecnica di
impermeabilizzazione dello scafo che crea una giunzione
tra le tavole del fasciame in grado di resistere nel tempo e
al mare).
Insomma una barca in legno è molto elegante, classica e
robusta, ma ha sicuramente bisogno di cure maniacali e
da parte di personale iper qualificato; questo potrebbe
incidere nella voce costi di manutenzione.

Ma se ti senti pronto, hai una buona manualità, hai tempo a disposizione e magari leggi qualche manuale che tratta l'argomento, potresti pensare di accudire la tua barca in autonomia per quanto riguarda la manutenzione ordinaria.

VTR (Vetroresina)
La resina di poliestere e la lana di vetro sono i materiali che vengono utilizzati per la costruzione delle barche in VTR.
È un materiale resistente, elastico e dura nel tempo (ci sono barche 'vecchie' di trent'anni che navigano ancora felicemente).
Facilità di lavorazione, poca manutenzione e velocità nelle eventuali riparazioni, hanno sancito il successo di questo materiale nella costruzione nautica.
È anche un materiale leggero e va da sé che le imbarcazioni costruite in vtr sono più performanti.
Manutenzione poca, ovvero una volta all'anno la barca deve essere alata (sollevata dall'acqua) ed accuratamente pulita nell'opera viva (se hai possibilità di tenerla fuori dall'acqua per qualche mese, male non gli fa).
Non ti ho ancora parlato di "opera viva", "opera morta" e "linea di galleggiamento", faccio qui una breve parentesi.
L' opera viva è la parte sommersa dello scafo, cioè quella che sta a contatto con l'acqua; l'opera morta di conseguenza, è la parte di scafo che sta al di fuori dell'acqua e sopra la linea di galleggiamento, vale a

dire l'intersezione del piano di galleggiamento di una
barca con la superficie esterna dello scafo, o opera morta.

La pulizia viene effettuata con idro pulitrici (o acqua e olio
di gomito) che hanno la pressione necessaria per
estirpare le eventuali formazioni di alghe o cose simili
dalla carena, e di togliere leggermente lo strato di
antivegetativa che avevamo diligentemente applicato la
stagione precedente.
Una volta che la carena si presenta linda e liscia come la
pelle di un bambino, verrà carteggiata e le si
applicheranno due mani di antivegetativa.

L'antivegetativa previene la formazione di alghe, alghette ed altri microorganismi che potrebbero aggrapparsi alla carena della barca, penalizzando le prestazioni della stessa in termini di velocità e di consumi.

Con un materiale così semplice da mantenere e con barche di dimensioni che possono essere ospitate nel giardino/cortile di casa tua, è quantomeno plausibile pensare di riuscire a fare questa operazione da solo.

In occasione della manutenzione ordinaria degli scafi, si farà anche la manutenzione ordinaria del motore o dei motori in caso ce ne fosse più di uno; anche in questo caso, e solo se si tratta di manutenzione ordinaria, potresti pensare di cavartela da solo.

Fino ad ora abbiamo menzionato gli aspetti positivi della Vtr.

Devo anche dirti che la Vtr può essere soggetta ad una malattia, che si chiama Osmosi.

L' osmosi è il risultato di una lavorazione errata che ha subito la vetroresina durante il processo di costruzione o può derivare da danni che la carena ha subito: il materiale si presenta con diversa densità e in questa zona si formano delle sacche d'aria nelle quali l'umidità, data dall'utilizzo in acqua, innesca un processo di putrefazione. Durante questo processo si formano dei gas che danno vita a bolle evidenti in corrispondenza della parte "malata". Per essere sicuro che questi rigonfiamenti siano davvero opera dell'osmosi, rompi una bolla, se al suo interno ci sarà un liquido giallognolo che sa di acido…bene, quella è osmosi!

È curabile?

Dipende se è in stato avanzato oppure no, direi che nella maggior parte dei casi si può sistemare.

Tenere la barca fuori dall'acqua per un periodo più o meno lungo serve anche a prendere coscienza del suo stato di salute, ed intervenire tempestivamente qualora ce ne fosse bisogno.

Bolle dovute all'osmosi

Le barche in **ALLUMINIO**

Tra tutti i materiali di costruzione l'alluminio è di sicuro il più innovativo.
Leggero, resistente, esente da osmosi e da ruggine; si deforma ma non si rompe in caso di collisioni con scogli o altri corpi contundenti ed ha un'ottima resistenza meccanica.
Un materiale fantastico!

Per contro è difficile da saldare e non tutti sono propriamente in grado di farlo.

Questo materiale soffre tantissimo la corrosione galvanica, che è la corrosione dell'alluminio dovuta al contatto con altri metalli.

Ci sono altri metalli sulla mia barca? Si!

Per esempio il rame dell'impianto elettrico (che deve essere progettato molto accuratamente) o le monetine che abbiamo in tasca, e che ci potrebbero cadere accidentalmente, dando origine nel tempo a questo fenomeno.

Per ridurre il problema della corrosione galvanica, oggi vengono impiegate delle leghe di alluminio, magnesio ed altri metalli.

Basti pensare che navi militari, porta container, traghetti sono costruiti con leghe di alluminio.

Abbiamo visto quali sono i materiali di costruzione più utilizzati e spero di averti chiarito meglio le idee, in modo che tu possa scegliere il materiale di costruzione che meglio si adatti alle tue esigenze.

QUALE BUDGET HO A DISPOSIZIONE?

Eccoci arrivati alla domanda cruciale, quella per la quale non si dorme la notte.

Qui a dire il vero ci sono poche indicazioni da dare.

Fissa un budget massimo di spesa e scegli barche che hanno le caratteristiche che hai individuato fino ad ora (utilizzo, dove navigo, tipologia, materiali di costruzione) e che stanno nel range che ti sei prefissato.

Troverai svariate barche in vendita dalle tipologie e dai materiali di costruzione diversi, e non faticherai a trovare quella che più si adatta alle tue esigenze e che rispetta il budget precedentemente determinato.

Oltre a capire qual' è il tetto massimo di spesa per l'acquisto della barca, sarebbe opportuno (fallo!) determinare anche il budget di spesa annuale.

Mi spiego meglio: come abbiamo visto prima una barca ha bisogno, così come tutti i mezzi di trasporto che hanno un motore e che sono soggetti ad usura, di manutenzione ordinaria; hanno bisogno di un'assicurazione Rc per la copertura degli eventuali danni causati a terzi, ed eventualmente hanno bisogno di un posticino dove sostare (se non hai posto a casa tua o da qualche altra parte di tua conoscenza).

L'insieme di tutte queste voci comportano una spesa annuale di mantenimento più o meno alta in base alle dimensioni della barca, al numero e alla dimensione dei motori, in base allo stato di conservazione della barca e dal luogo in cui decidi di tenerla.

Quindi per non trovarti sorprese una volta che hai scelto, trovato e comprato la tua barca, determina anche la cifra massima che vuoi spendere durante l'anno per mantenerla.

Non ti preoccupare, più avanti cercheremo di capire quanto incide il mantenimento.

Le barche si possono anche acquistare tramite finanziamenti? Si!

Ce ne sono fondamentalmente due: o un leasing nautico oppure un classico finanziamento privato (che potresti richiedere al tuo istituto bancario).

Per accedere ai leasing nautici in qualità di soggetti privati c'è un tetto minimo di spesa che è di 75.000,00 euro e vengono finanziate barche nuove per un periodo massimo di 96 mesi (otto anni); alcuni istituti accendono leasing nautici anche per barche usate; invece, per un finanziamento al privato da parte dell'istituto bancario, vigono le regole classiche per l'apertura di un finanziamento.

Una barca nuova acquistata in leasing gode di agevolazioni sull'Iva

Tipologia dell'unità da diporto	% di canone leasing da assoggettare ad Iva
Unità a motore o a vela di lunghezza superiore a 24 metri	30%
Unità a vela di lunghezza tra i 20,01 – 24 metri ed unità a motore di lunghezza tra i 16,01 – 24 metri	40%
Unità a vela di lunghezza tra i 10,01 mt – 20,00 metri ed unità a motore tra i 12,01 metri – 16,00 metri	50%
Unità a vela di lunghezza fino a 10 metri ed unità a motore di lunghezza tra 7,51 – 12 metri	60%
Unità a motore di lunghezza fino a 7,50 metri	90%
Unità appartenenti alla categoria D (abilitate alla navigazione solo in acque protette)	100%

L'agevolazione dell'Iva sul canone di leasing è più elevata per le imbarcazioni più grandi, questo perché si presume che più sarà grande l'imbarcazione e più sarà frequente la navigazione in alto mare, quindi fuori dalle acque territoriali in cui vige il sistema fiscale dell'imposizione dell'Iva.

I natanti da diporto (cioè quelle barche inferiori o pari ai 10 metri di lunghezza) acquistati in leasing, saranno assimilati alle imbarcazioni da diporto (cioè quelle barche la cui lunghezza varia dai 10,01 metri – 24,00 metri) e dovranno osservare tutte le regole appartenenti a questa categoria.

Per le barche acquistate in leasing è obbligatorio stipulare una polizza assicurativa Kasko (detta anche corpi) che coprirà anche la perdita totale dell'imbarcazione.

Ultimo cenno sui leasing e poi ho finito; esistono società di leasing estere (per lo più francesi) che hanno uffici in Italia, i cui finanziamenti hanno un ammortamento anche fino a 180 mesi (15 anni).

Qualora ti venisse in mente di prendere la tua barca in leasing o con un finanziamento classico, ricordati sempre e comunque di fissare un budget annuale di spesa per la manutenzione e la gestione della tua barca.

Mi è sembrato doveroso, per completezza di informazioni, parlarti anche della possibilità di avere una barca anche attraverso finanziamenti, in modo che tu possa fare tutte le valutazioni del caso e prendere la decisione più consapevole possibile.

NUOVA O USATA?

Fino ad ora hai capito quali sono i passi da fare per individuare la barca più adatta alle tue esigenze.

Ora che hai ben chiaro come utilizzerai la tua barca, dove navigherai, quale tipologia si sposa di più con le tue esigenze, ora che hai la consapevolezza su quale materiale di costruzione è meglio per te indirizzarti, e hai individuato il budget che vuoi destinare per coronare il tuo sogno, è arrivato il momento di capire se è meglio una barca nuova oppure usata.

A volte la scelta è obbligata per ragioni meramente economiche;

Esempio: vuoi una barca di 9 mt (30') per trascorrere le tue vacanze in mare con la famiglia e vuoi spendere al massimo 20.000,00 euro, le tue ricerche si concentreranno nel mercato dell'usato.

Per la barca nuova, quella appena uscita dal cantiere e che dovrai varare tu, battezzarla con un nome (femminile), le incombenze e la tua attenzione dovranno essere più che altro rivolte alla parte burocratica.

Il cantiere o il distributore del cantiere sulla quale sarà ricaduta la tua scelta, è e sarà il tuo referente nei due anni a seguire dall'acquisto della barca (fa fede la data riportata in fattura); ebbene la tua barca nuova ha una

garanzia di due anni (di un anno solo se tu fossi una
società che utilizza la barca a scopi commerciali)
Oltre alla garanzia ci sono altri documenti che devono
seguire la tua barca e sono:
Il manuale del proprietario.
Il certificato di primo avviamento del motore, timbrato e
firmato dall'officina autorizzata dal costruttore del motore
installato sulla tua barca.
La dichiarazione di potenza del motore (ha sostituito il
certificato d'uso del motore) sia per i motori fuoribordo che
per quelli entrobordo (per i natanti).
Libretto con i dati identificativi della barca e dell'armatore
(per le imbarcazioni).
Licenza di navigazione
Una volta che hai questi documenti puoi ritenerti libero di
goderti la tua barca.

Continuiamo parlando di usato.
Come hai già visto, il mercato della nautica offre molte
opportunità, una di queste è di trovare svariate barche
usate e di diverse tipologie a prezzi accessibili.
Ma una volta che hai individuato la barca più adatta alle
tue esigenze, cos'è importante guardare di una barca
usata?
Il mio parere è che, se hai valutato di acquistare una
barca di dimensioni ragguardevoli (dai 24' ai 30')
magari con più motori, oppure una barca a vela

delle stesse dimensioni, e se il prezzo richiesto si aggira tra i 15 e 25.000,00 euro (e se costa di più a maggior ragione) vai a vederla, provala e prima di concludere l'affare vale la pena farla periziare da un perito nautico.
Il perito nautico è l'unico professionista che sa darti informazioni certe su quell' imbarcazione specifica, in base al cantiere di costruzione, all'età e a come è stata mantenuta; sa anche dirti se ci sono dei lavori importanti da fare, quali ed il costo indicativo di questi eventuali lavori (così in fase di trattativa possono essere detratti dal prezzo richiesto).
Ti garantisco che è meglio spendere 500,00 – 600,00 euro per il perito, che migliaia di euro dopo, perché magari per valutare la barca ti sei fatto aiutare da un tuo amico "esperto", o ti sei fidato di quello che ti ha detto il precedente armatore.
Per le imbarcazioni più piccole possiamo procedere, magari, anche diversamente: prova la barca in acqua (voglio dire mettiti al timone e TU provi la barca!) cerca di capire se il motore "gira bene", oppure se ha dei periodi di vuoto tra la minima e la massima accelerazione; fai accendere il motore da freddo e lascialo in moto per almeno mezz'ora a barca ferma in acqua, potrai notare in questo modo se il motore si surriscalda oppure rimane alla temperatura ideale.
Tutti gli accessori di bordo che ti vengono elencati (tutti!) se ti dicono che funzionano, devono funzionare e li devi

provare; dalle casse della radio alle cerniere dei cuscini del prendisole.

Apri i gavoni e controlla che all'interno non ci siano acqua e/o crepe; nelle barche con i motori entrobordo apri il gavone dove è alloggiato il motore e controlla che sul fondo non ci siano tracce d'olio o di altro materiale.

Prova le pompe di sentina, ti servono per far uscire l'acqua in eccesso dalle sentine (parte posta più in basso nello scafo di un'imbarcazione, dove si raccolgono scoli ed infiltrazioni d'acqua) e ti garantisco che il loro funzionamento è vitale.

Potresti trovarne più di una a bordo, provale!

Chiedi di poter alare la barca (abbiamo visto che vuol dire metterla in secca; fuori dall'acqua) ed ispeziona lo scafo. È questo il momento per rendersi conto dello stato di manutenzione dell'opera viva della barca che stai valutando di acquistare.

Quindi con la barca in secca, controlla eventuali deformazioni della carena, se è costruita in Vtr controlla l'eventuale presenza di osmosi, ne abbiamo parlato nella sezione "materiali di costruzione"; passa la mano sulla carena ed accertati di non sentire rigonfiamenti sulla stessa.

Se ti indirizzi verso una barca a vela ricordati che la sua propulsione è data principalmente dalle vele (quando c'è vento!), quindi controlla che siano in buono stato sia quelle armate (principalmente randa e fiocco), che quelle inserite nei sacchi e che userai forse una volta a stagione (gennaker, spinnaker...).

Controlla anche lo stato di usura delle cime preposte a governare le vele (drizze e scotte), se ti sembrano ormai usurate dalla salsedine e dall'invecchiamento, sono da sostituire; presta anche attenzione allo stato di usura dei winch (li fai girare e non si devono inceppare) che ti serviranno, insieme alle scotte, per mettere in tensione (cazzare) le vele, o togliere tensione (lascare) dalle vele.

L'alaggio si paga? Si!
Chi lo paga?
Diciamo che se il venditore ti aveva garantito che la barca
era perfetta, senza alcun difetto e durante l'ispezione ti
accorgi che tutto è in ordine, lo paghi tu; in caso contrario
vi mettete d'accordo (prima di alarla) e puoi detrarre il
costo dell'alaggio dal prezzo pattuito.
Se non ti è già stato detto, chiedi quando è stata fatta
l'ultima manutenzione ordinaria al motore, e se negli anni
sono stati fatti alla barca dei lavori straordinari e quali,
chiedi di poter vedere la fattura dei lavori eseguiti.
Controlla lo stato delle eliche: verifica che le pale siano
intatte, cioè che non presentino delle sbeccature, perché
un'elica danneggiata potrebbe compromettere le
prestazioni della barca.

Per motori entrobordo (motore che viene accoppiato nella maggior parte dei casi alla trasmissione asse-elica) e entrofuoribordo (motore che viene accoppiato alla trasmissione con piede poppiero) controlla l'assenza di un eventuale gioco della trasmissione asse-elica o dei piedi poppieri.

Piede Poppiero

Importante è anche controllare l'impianto elettrico ed il funzionamento di luci, salpancora (se presente) e tutte quelle dotazioni collegate all'impianto.

L'impianto elettrico è collegato ad una batteria, quindi accertati che sia in buono stato d'uso, in caso contrario dovrai sostituirla.

Adesso tocca a te, scegli se la tua barca sarà nuova o usata, hai tutti gli strumenti per farlo.

MI SERVE LA PATENTE NAUTICA?

La patente nautica o ancora meglio l'abilitazione al comando delle unità da diporto fino a 24 metri, serve con: Motore con potenza superiore ai 30 Kw (40,8 cv), e nel caso di barche a vela di misura superiore ai 10 mt (quindi esclusi i natanti a vela).

Unità da diporto con motorizzazioni pari o inferiori ai 30 Kw (40,8 cv) ma che:

vogliano praticare sci d'acqua

vogliano navigare oltre le 6 miglia dalla costa

che abbiano installato a bordo motori di cilindrata superiore a:

750 cc (se motore a due tempi)

1000 cc (se motore a quattro tempi fuoribordo)

1300 cc (se motore a quattro tempi entrobordo)

2000 cc (se motore diesel)

Acquascooter di qualsiasi cilindrata

In tutti gli altri casi puoi navigare anche senza patente nautica

Esistono due tipologie di patente nautica:

Entro le dodici miglia dalla costa

Senza limiti

e a loro volta si distinguono in patente nautica:

- A vela e a motore
- Solo a motore

Tutte e due queste abilitazioni ti permettono di essere al comando di unità da diporto fino a 24 metri, ma la prima permette di restare entro le 12 miglia dalla costa (miglio nautico o miglio marino, unità di misura della distanza pari a 1.852 metri), la seconda abilitazione è senza limiti.
Per cui se ipoteticamente volessi salpare dalla costa per raggiungere un'isola distante 12,5 miglia, con la prima abilitazione non puoi farlo, con quella senza limiti sì.
Un'altra differenza è che se consegui la patente nautica a vela, sei abilitato alla conduzione di unità da diporto sia a vela che a motore; se consegui solo quella a motore, sei abilitato alla sola conduzione di unità da diporto a motore.
Ma non è solo la patente nautica che ti permette o meno di gironzolare per il mare, dipenderà anche dalla barca che avrai e dalla sua abilitazione alla navigazione.
Mi spiego meglio: ogni barca ha delle caratteristiche di progettazione che le permettono di navigare o meno in determinate condizioni meteo – marine.
Da queste caratteristiche è stata stilata una tabella con le varie categorie di progettazione delle imbarcazioni determinate dalla sicurezza in navigazione (e non dalla distanza dalla costa).

Categoria di Progettazione (unità da diporto marchiate CE)	Caratteristiche
Categoria A	Navigazione senza alcun limite
Categoria B	Navigazione d'altura, ovvero con vento fino a forza 8 e onde con altezza significativa fino a 4 metri (mare agitato)
Categoria C	Navigazione litoranea, ovvero con vento fino a forza 6 e onde di altezza significativa fino a 2 metri (mare molto mosso)
Categoria D	Navigazione in acque protette, ovvero con vento forza 4 e onde di altezza significativa fino a 0,5 metri

Tieni sempre presente questa tabella e tieni sempre a mente la categoria di progettazione della tua barca.
Per i natanti senza marchiatura CE (anteriori al 1998), dobbiamo invece fare un'altra distinzione e possono navigare:
Entro 6 miglia dalla costa
Entro le 12 miglia dalla costa: solo se sono omologati per la navigazione senza alcun limite o se sono stati riconosciuti idonei per questa navigazione, previa ispezione, da parte di un ente autorizzato (tieni sempre a bordo il certificato di omologazione o l'attestazione di navigazione rilasciata dall'ente autorizzato).
Abbiamo visto all'inizio di questo capitolo in quale occasione serve la patente nautica.

Se scegliessi di prendere un open di 6 metri con un motore da 40 cv (non ti serve la patente nautica), saresti in grado di riconoscere i segnali marittimi? di fare i nodi che servono e quando servono? di riconoscere segnali che indicano magari la presenza di scogli affioranti (sarebbe un bel disastro prendere degli scogli mentre navighi beato e ti godi il panorama; oltre a distruggere la barca ti faresti molto male) oppure zone di riserva marina in cui è vietato effettuare l'ormeggio con l'ancora? Probabilmente no!

Anche se per navigare con la tua barca non servisse la patente nautica, il mio consiglio è quello di avere almeno un'infarinatura sulla navigazione di base e sulle regole da rispettare in mare.

Leggendo i manuali per il conseguimento della patente nautica (ce ne sono a bizzeffe in commercio) riesci ad ottenere informazioni utili che si riveleranno a volte vitali durante la navigazione; ricordati di avere sempre a portata di mano il tuo manuale in modo da poterlo consultare appena se ne presenta il bisogno.

Mi capita di vedere navigatori improvvisati noleggiare gommoni o motoscafi e trovarsi in situazioni a volte imbarazzanti e a volte critiche; si mette a repentaglio la propria vita ma soprattutto quella degli altri quando non si hanno almeno le basi; penso proprio che tu voglia passare delle ore felici in mare, o no?

Per passare delle ore felici in mare devi anche saper comandare equipaggio ed imbarcazione.

A bordo della tua barca tu sarai l'armatore (proprietario della barca), il comandante ed il timoniere.

Il comandante risponde della conduzione dell'unità e quindi del rispetto di tutte le norme che disciplinano la navigazione, è l'unico responsabile della conduzione della navigazione e dell'equipaggio.

Non è mia intenzione farti spaventare, ma è bene che tu sappia che in barca ognuno ha un ruolo ben definito e che tutti sappiano che l'unico che può prendere decisioni in caso di necessità è il Comandante (cit: "Di vedetta o di timone, il Capitano ha sempre ragione!").

Questo non vuol dire che devi diventare un despota e guai a chi non fa come dici tu; ma in caso di pericolo o nel caso si debba prendere una decisione critica (per esempio l'abbandono della nave), il Comandante è l'unica persona preposta a farlo.

Oltre a questo il Comandante ha l'obbligo ed il dovere di mettere in salvo l'equipaggio qualora ce ne fosse bisogno.

Ti è passata la voglia di avere una barca tutta tua?

Mi sta a cuore che tu sappia quanto più possibile; devi essere consapevole di quello che fai, degli obblighi che hai e che se hai persone a bordo, sono sotto la tua responsabilità; indifferentemente che tu abbia bisogno o meno della patente nautica.

COSA TENERE A BORDO?

DOTAZIONI OBBLIGATORIE DI SICUREZZA –
DOCUMENTI – ATTREZZATURE
Nei due capitoli precedenti hai capito quando ti serve la
patente nautica, e se è meglio per te avere una barca
nuova o usata.
Ma una volta che hai scelto e trovato la tua barca ideale,
sai cosa devi tenere a bordo per essere in regola? cosa è
meglio sempre avere a bordo per essere pronto ad ogni
evenienza? quali documenti servono sempre a bordo da
esibire eventualmente alle autorità marittime in caso di
controllo?
Ti ho detto, all'inizio di questo viaggio, che avremmo
preso in considerazione la categoria natanti da diporto,
quindi anche in questo caso, vediamo quali sono le
dotazioni e i documenti obbligatori da imbarcare con
questa categoria specifica.
Dotazioni di Sicurezza Obbligatorie in funzione della
distanza dalla costa:

Navigazione entro le 12 miglia dalla costa:
- Apparecchi galleggianti (per tutte le persone a
  bordo)
- Cinture di salvataggio (una per ogni persona a
  bordo)

- Salvagente anulare con una cima (1 pezzo)

- Boetta luminosa (1 pezzo)

- Bussola e tabelle di deviazione

- Razzi a paracadute a luce rossa (2 pezzi)

- Fuochi a mano a luce rossa (2 pezzi)

- Boetta fumogena (2 pezzi)

- Fanali regolamentari

- Apparecchi di segnalazione sonora

- Apparato VHF

- Pompa o altri mezzi di esaurimento

- Mezzi antincendio – estintori (1 pezzo)

Potenza totale installata (Kw)	Capacità estinguente
Fino a 18,4 Kw	13 B
Da 18,5 Kw a 147 Kw	21 B
Oltre 147 Kw	34 B

Nella tabella qui sopra, il numero che precede la lettera (13 – 21 o 34) indica la capacità estinguente dell'estintore; ad un numero più alto corrisponderà una più efficace capacità estinguente; la lettera B indica la classe di fuoco che l'estintore è idoneo a spegnere.

Navigazione entro le 6 miglia dalla costa:

- Cinture di salvataggio (una per ogni persona a bordo)

- Salvagente anulare con cima (1 pezzo)

- Boetta luminosa (1 pezzo)

- Razzi a paracadute a luce rossa (2 pezzi)

- Fuochi a mano a luce rossa (2 pezzi)

- Boetta fumogena (2 pezzi)

- Fari regolamentari

- Apparecchi di segnalazione sonora

- Pompa o altri mezzi di esaurimento

- Mezzi antincendio - estintori (1 pezzo)

Navigazione entro le 3 miglia dalla costa:

- Cinture di salvataggio

- Salvagente anulare con cima (1 pezzo)

- Fuochi a mano a luce rossa (2 pezzi)

- Boetta fumogena (1 pezzo)

- Fanali regolamentari

- Apparecchi di segnalazione sonora

- Pompa o altro mezzo di esaurimento

- Mezzi antincendio – estintori (1 pezzo)

Navigazione entro 1 miglio dalla costa:
- Cinture di salvataggio (una per persona)

- Salvagente anulare con cima (1 pezzo)

- Pompa o altro mezzo di esaurimento

- Mezzi antincendio – estintori (1 pezzo)

Queste sono le dotazioni di sicurezza obbligatorie in base alla distanza dalla costa e non alla dimensione del natante; quindi se volessi navigare a 3 miglia dalla costa con una barca di 10 mt, avrai bisogno delle dotazioni obbligatorie per la navigazione entro le 3 miglia nautiche, se il giorno dopo però volessi spostarti a navigare oltre le 6 miglia ed entro le 12 miglia, dovrai imbarcare le dotazioni di sicurezza in base alla tipologia di navigazione che vuoi effettuare.

Documenti:
Oltre alle dotazioni di sicurezza, a bordo della tua barca, devi sempre avere (parliamo sempre della categoria natanti):
Dichiarazione di potenza del motore (sia per i motori fuoribordo, che per i motori entrobordo)
Certificato di omologazione o idoneità alla navigazione oltre le 6 miglia
Licenza Rtf oltre le 6 miglia e certificato limitato di radiotelefonista (obbligatorio per navigazioni oltre le 6 miglia)
Assicurazione (contrassegno e polizza)
Patente nautica (se obbligatoria)
Manuale del proprietario
Cos'è la Licenza Rtf e il certificato limitato di radiotelefonista?
Quando a bordo di una barca è installato il VHF (apparato radiotrasmittente), viene rilasciata la Licenza Rtf e si ottiene con domanda semplice dal Ministero dello Sviluppo Economico – Comunicazioni.
Contestualmente alla licenza viene anche rilasciato il Nominativo Internazionale che identificherà la stazione radiofonica, installata sulla tua barca, in tutto il mondo.
Il Certificato Limitato di Radiotelefonista è il "patentino" che viene rilasciato dal Ministero delle Comunicazioni, dietro domanda semplice, e ti permette di poter utilizzare l'apparato VHF installato o che installerai sulla tua barca.

L'apparato VHF abbiamo visto sopra che è obbligatorio per la navigazione oltre le 6 miglia dalla costa.

Anche se tu volessi navigare entro le 6 miglia nautiche dalla costa, e l'apparato VHF non fa parte delle dotazioni obbligatorie di sicurezza, il mio consiglio è quello di averlo comunque a bordo perché potrebbe esserti utile in qualsiasi momento e in caso di necessità per poter chiamare i soccorsi, segnalare la posizione di una barca che ha bisogno di soccorsi, ascoltare le previsioni meteo – marine; è una sicurezza in più che in navigazione, non guasta mai.

Oltre alle dotazioni obbligatorie (e quelle sono obbligatorie non a tua discrezione!), i documenti, che cosa devi tenere a bordo della tua barca?

Più navighi, più farai esperienza e più ti renderai conto di cosa ti può servire a bordo, anche in base alla navigazione che farai.

Posso dirti che due, tre cime (corde!) dai 30 ai 50 mt possono sempre servirti: magari vuoi passare una notte in qualche caletta, sarebbe più sicuro oltre che essere ormeggiato con l'ancora, poter avere anche una "cima a terra", che dalla "galloccia" o più impropriamente "bitta" di poppa della tua barca arrivi a terra, passi intorno magari ad un albero, e ritorni in barca; potrebbe anche servirti avere un'ancora di rispetto (ancora di scorta), se si dovesse incagliare l'ancora al fondale e dovessi lasciarla lì, avresti sempre l'ancora di scorta e potresti proseguire tranquillo nella tua navigazione.

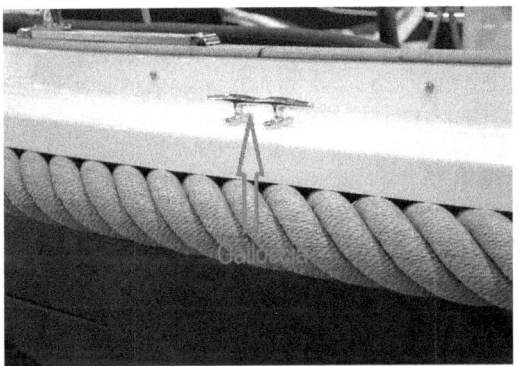

Anche avere un'elica di rispetto (elica di scorta) potrebbe essere utile; maschera e pinne, a parte per ammirare il fondale, possono servire per ispezionare la carena della barca, disincagliare l'ancora o togliere corpi estranei dall'elica (cime, sacchetti di plastica e così via), aiutandosi, magari, con un coltello da pesca subacquea che avrai sempre a bordo.

Avere il GPS a bordo, che sia fisso o portatile poco cambia, ti sarà utile durante la navigazione per controllare se sulla tua rotta ci saranno degli impedimenti (per esempio: scogli affioranti, secche o segnali marittimi particolari) e per individuare esattamente la tua posizione;

sapere precisamente dove ti trovi è fondamentale in caso di emergenza, per poter fornire a chi ti soccorre le tue coordinate, che rileverai dal GPS.

Non ti dico i parabordi (ormai te l'ho detto!) che preservano le murate (i fianchi) della tua barca durante la fase di ormeggio o in rade particolarmente affollate. La cassetta di primo soccorso, anche se non facesse parte delle dotazioni obbligatorie, io la terrei in barca, tu no? Queste sono solo alcune attrezzature che potresti tenere a bordo e che ti permettono di cavartela da solo senza dover disturbare il vicino di ormeggio, che magari sta sonnecchiando e l'ultimo dei suoi problemi è quello di correre ad aiutarti!

QUANTO COSTA MANTENERLA?

Domanda da un milione di euro!
Il costo di gestione è composto da più voci:

- Manutenzione ordinaria scafo
- Manutenzione ordinaria motore
- Assicurazione
- Ormeggio
- Varo/Alaggio
- Sosta a terra

Trascurando per un attimo tutte le unità da diporto carrellabili, cioè quelle che puoi benissimo tenere a casa durante l'inverno e metterle in acqua all'occorrenza, quelle alla quale la manutenzione dello scafo e del motore puoi farla in autonomia, ci concentriamo sulle imbarcazioni che hanno bisogno di un ormeggio, quindi di un posto fisso in acqua durante il periodo estivo e di un posto dove poterle tirare in secca alla fine della stagione.
Prendiamo in considerazione due barche a motore, una di 7 metri e l'altra di 10 metri.

Iniziamo con quella di 7 metri (23') con un motore e lo scafo in Vtr

Manutenzione ordinaria scafo	€ 550,00 Iva compresa
Manutenzione ordinaria motore	€ 370,00 Iva compresa
Assicurazione	€ 120,00 all'anno (solo Rc)
Ormeggio (da Maggio a Settembre compreso)	€ 2200,00 all'anno (prezzo medio, dipende dai servizi che offre il marina: ristoranti, bagni, posto auto…)
Alaggio – Varo	€ 150,00
Sosta a terra (da Ottobre ad Aprile compreso)	€ 700,00 (100 euro al mese)

* costi puramente indicativi, i prezzi variano in base alla zona, in base alla potenza del motore ed allo stato di uso e manutenzione dell'unità da diporto

Proseguiamo con quella di 10 metri (33') con due motori e
lo scafo in Vtr

Manutenzione ordinaria scafo	€ 800,00 Iva compresa
Manutenzione ordinaria motori	€ 800,00 Iva compresa
Assicurazione	€ 350,00 all'anno (solo Rc)
Ormeggio (da Maggio a Settembre compreso)	€ 3500,00 all'anno (prezzo medio, dipende dai servizi che offre il marina: ristoranti, bagni, posto auto...)
Alaggio – Varo	€ 250,00
Sosta a terra mensile (da Ottobre ad Aprile compreso)	€ 1050,00 (150 euro al mese)

* costi puramente indicativi, i prezzi variano in base alla zona, in base alla potenza del
motore ed allo stato di uso e manutenzione dell'unità da diporto

Abbiamo anche visto che nel periodo socio-economico in
cui ci troviamo, i costi per la gestione della tua barca sono
con il tempo diminuiti; qualche hanno fa i costi di gestione
per le stesse imbarcazioni sarebbero stati almeno il 30%
più alti.

PROMOZIONE MANUTENZIONE

Alta qualità a prezzi contenuti

Tutti i materiali da noi utilizzati
sono di marchi leader nel settore
della manutenzione delle imbarcazioni.
Rilasciamo certificati IMO per l'accesso
in Aree Marine Protette

Antivegetativa   Esempi: Zinchi

Carenaggio imbarcazioni
Carteggiatura ed esecuzione
due mani antivegetativa

8 mt. € **490** +iva
12 mt. € **750** +iva
16 mt. € **990** +iva

... per preventivi personalizzati

Per quanto riguarda invece le unità da diporto carrellabili i costi possono scendere perché non hanno bisogno di essere per forza ormeggiate in porto, perché le manutenzioni ordinarie di scafo e motore potresti farle da solo (mi raccomando solo quelle ordinarie, se ci fosse bisogno di interventi straordinari, rivolgiti sempre a professionisti del settore).

Vediamo quanto incide indicativamente il costo di gestione di una barca di 6 metri, larga 2,50 metri, carrellabile ed ipotizzando che tu abbia lo spazio per rimessarla a casa

anutenzione ordinaria scafo ntivegetativa a matrice dura per barche a otore + antivegetativa per piede motore + ateriale di consumo)	€ 260,00
anutenzione ordinaria motore	€ 150,00
ssicurazione motore e carrello	€ 120,00 (per il carrello si assicura il rischio statico, per la Rc si fa un'estensione alla polizza del mezzo che traina il carrello)

*costi puramente indicativi in base al fornitore per l'approvvigionamento dei materiali, alla potenza del motore e alle dimensioni dell'unità da diporto

CENNI METEO

Stiamo quasi per finire, prima di salutarti voglio darti qualche indicazione per passare delle ore felici in mare, possono sembrarti cose logiche ed ovvie, comunque io te le ricordo.

Prima di salpare ed andare e fare il bagnetto nella caletta dietro quel promontorio, accertati delle condizioni meteo – marine che ci saranno durante la giornata.

Se hai possibilità di connetterti ad internet visita il sito www.lamma.rete.toscana.it è sempre molto aggiornato e ti fa capire le previsioni del vento e del mare che ci saranno in quella giornata.

"Si ma è solo per la Toscana?" No!

Apri la pagina principale, a sinistra della pagina troverai un menu a tendina, clicca su "Modelli", poi su "Vento e Mare"; scegli il tratto di mare in cui navigherai e leggi.

Per i più tecnologici c'è anche l' App di LammMeteo

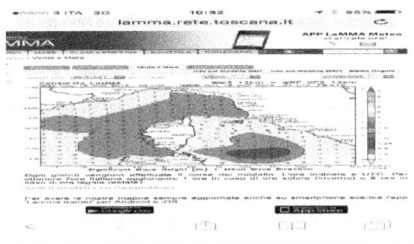

"Io non ho possibilità di connettermi ad internet!"
Un'altra buona alternativa, in questo caso, potrebbe
essere quella di sperare nella magnanimità di Nettuno!
Scherzo chiaramente! I bollettini meteo li trovi alla
capitaneria di porto e insieme ai bollettini trovi anche le
eventuali zone interdette alla navigazione in quel periodo
("Avviso ai Naviganti"), sarebbe sempre meglio dargli uno
sguardo.
Se guardi i bollettini ufficiali www.meteoam.it o li ascolti
con il tuo Vhf (apparato radio) installato sulla barca,
potresti trovare e sentire delle frasi per te ancora
incomprensibili per esempio:

-MAR LIGURE SUDOVEST 3 CON LOCALI RINFORZI
SETTORE SUD - ISOLATI TEMPORALI - VISIBILITA'
BUONA LOCALMENTE DISCRETA
-MOSSO
TENDENZA: SUDOVEST 5 – ISOLATI TEMPORALI
Cosa vuol dire?
Nel Mar Ligure venti da Sud-Ovest la cui intensità è al
livello 3 della scala di Beaufort, i venti potranno
intensificarsi nel settore sud.
Tendenza a vento di Sud-Ovest la cui intensità rinforzerà
e sarà al livello 5 della scala di Beaufort, possibilità di
isolati temporali
Cosa vuol dire livello 3 o 5 della scala di Beaufort?

È una scala di 12 gradi che identifica l'intensità del vento e descrive il comportamento del mare ad ogni grado della scala, indicando anche l'altezza dell'onda.
Questo ti è utile da sapere intanto per prendere tutte le precauzioni del caso, e poi per capire se la tua barca ha la classificazione adatta per poter navigare con quel tipo di onda (vai a vedere nella parte della Patente Nautica la tabella della categoria di progettazione).

Qui sotto ti riporto la SCALA BEAUFORT

Grado	Velocità (km/h)	Tipo di vento	Velocità (nodi)	Caratteristiche	velocità (m/s)	Altezza probabile onde	
0	0 - 1	calma	0 - 1	il fumo ascende verticalmente; il mare è uno specchio.	< 0.3	-	-
1	02 - 05	bava di vento	01 - 03	il vento devia il fumo; increspature dell'acqua.	0.3 - 1.5	0,1	0,1
2	06 - 11	brezza leggera	04 - 06	le foglie si muovono; onde piccole ma evidenti.	1.6 - 3.3	0,2	0,3
3	12 - 19	brezza	07 - 10	foglie e rametti costantemente agitati; piccole onde, creste che cominciano ad infrangersi.	3.4 - 5.4	0,6	1
4	20 - 28	brezza vivace	11 - 16	il vento solleva polvere,foglie secche,i rami sono agitati; piccole onde che diventano più lunghe.	5.5 - 7.9	1	1.5
5	29 - 38	brezza tesa	17 - 21	oscillano gli arbusti con foglie; si formano piccole onde nelle acque interne; onde moderate allungate.	8 - 10.7	2	2,5
6	39 - 49	vento fresco	22 - 27	grandi rami agitati, sibili tra i fili telegrafici; si formano marosi con creste di schiuma bianca, e spruzzi.	10.8 - 13.8	3	4
7	50 - 61	vento forte	28 - 33	interi alberi agitati, difficoltà a camminare contro vento; il mare è grosso, la schiuma comincia ad essere sfilacciata in scie.	13.9 - 17.1	4	5,5
8	62 - 74	burrasca moderata	34 - 40	rami spezzati, camminare contro vento è impossibile; marosi di altezza media e più allungati, dalle creste si distaccano turbini di spruzzi.	17.2 - 20.7	5.5	7,5
9	75 - 88	burrasca forte	41 - 47	camini e tegole asportati, grosse ondate, spesse scie di schiuma e spruzzi, sollevate dal vento, riducono la visibilità.	20.8 - 24.4	7	10
10	89 - 102	tempesta	48 - 55	rara in terra ferma, alberi sradicati, gravi danni alle abitazioni, enormi ondate con lunghe creste a pennacchio.	24.5 - 28.4	9	12,5
11	103 - 117	fortunale	56 - 63	raro, gravissime devastazioni; onde enormi ed alte, che possono nascondere navi di media stazza; ridotta visibilità.	28.5 - 32.6	11,5	16
12	oltre 118	uragano	64 +	distruzione di edifici, manufatti, ecc.; in mare la schiuma e gli spruzzi riducono assai la visibilità.	32.7 +	14	-

Altra scala che ti è utile per decifrare le previsioni meteo –
marine è la SCALA DOUAGLAS che indica lo stato del
mare vivo, cioè il moto ondoso generato direttamente dal
vento in azione, nella zona di mare osservata.

Scala Douglas dell'altezza delle onde del mare		
Forza	Descrizione	Altezza onde
0	Calmo	-
1	Quasi calmo	0 - 0,10 m
2	Poco mosso	0,10 - 0,50 m
3	Mosso	0,50 - 1,25 m
4	Molto mosso	1,25 - 2,50 m
5	Agitato	2,50 - 4 m
6	Molto agitato	4 - 6 m
7	Grosso	6 - 9 m
8	Molto grosso	9 - 14 m
9	Tempestoso	oltre 14 m

Non confonderti però, la Scala Beaufort indica l'intensità
del vento, la Scala Douglas l'altezza delle onde del mare.
Ultima cosa che ti consiglio di imparare e di tenere bene a
mente, è il nome dei venti e la loro provenienza (qui sotto
la ROSA DEI VENTI).

Con il tempo imparerai a riconoscere i venti dalla loro
provenienza, se navighi sempre nella stessa zona ti
accorgerai che ci saranno dei venti che prevalgono sugli
altri e in caso di bisogno individuerai delle calette o
insenature riparate da quel vento.

Esempio: sei in mare per rientrare verso casa, si alza il Maestrale (che hai imparato essere un vento che soffia da Nord Ovest NW), le onde iniziano ad essere alte ed hai bisogno di riparo. Sai, perché ormai sei pratico del posto, che qualche miglio più avanti c'è una caletta con esposizione a Sud, Sud Est e ben riparata dal Maestrale è lì dove ti fermerai.

TRUCCHETTI

Voglio svelarti due trucchetti semplici ma efficaci:
Quando inizi il 'viaggio' per scegliere e trovare la barca più adatta alle tue esigenze, fai una cosa; inizia già a navigare sui vari siti che parlano di nautica e inizia a guardare la tipologia della barca che vorresti prendere; confronta già motorizzazioni, progettazione di costruzione, layout di coperta ed eventualmente di sottocoperta, stato di mantenimento della barca, prezzi e stila una tua classifica personale delle varie barche; in questo modo riuscirai a velocizzare la tua ricerca e visitare solo le barche che realmente ti interessano.
Se puoi ti consiglio, prima di procedere con la scelta definitiva, di noleggiare la barca uguale o la più simile a quella che hai scelto; questo ti permette di renderti conto della bontà della scelta che hai fatto.
Rendi partecipi della tua scelta i componenti della tua famiglia o chi ti è più vicino; non fare tutto di nascosto, a meno che tu poi non voglia navigare da solo e tenerti la barca tutta per te.
Ho finito davvero!
Abbiamo visto come scegliere e trovare la barca più adatta alle tue esigenze, non una barca qualsiasi, ma quella più adatta a te!

Ti ringrazio per la costanza che hai avuto ad arrivare fino a qui e mi auguro che con queste poche pagine sia riuscito ad aiutarti a prendere coscienza che davvero oggi "La Barca per Tutti" non è solo un modo di dire, ma è realtà.

Mandami una e-mail e fammi sapere se ti è stato utile leggere queste pagine; mandami anche le tue foto che ti ritraggono con la tua barca.

Sarei felice di vederti finalmente vivere il tuo sogno e poter pensare che magari, un pochino, è anche merito mio.

Tu adesso chiudi il libro e inizia ad individuare l'Utilizzo della tua prossima barca, segui lo schema, fallo subito!

Ti abbraccio, a presto,

Ivan.

RINGRAZIAMENTI:

Hanno contribuito alla nascita di questo libro:
Serena Regi (rilettura e revisione)
Silvia Altavilla (rilettura e revisione)
Marco Pasculli (rilettura e revisione)
Lulu.com (impaginazione, stampa, ufficio marketing)

e NOI tutti,
che con la passione per il Mare e per quelle "Cose Galleggianti", abbiamo il coraggio di vivere i nostri
SOGNI!

Grazie...!

www.ingramcontent.com/pod-product-compliance
Lightning Source LLC
Chambersburg PA
CBHW070300290526
45791CB00003B/1026